你用电·我用心
Your Power Our Care

社会责任融入制度管理工作手册

国家电网有限公司　编

中国电力出版社
CHINA ELECTRIC POWER PRESS

前 言

履行社会责任，是国有企业践行作为党和国家事业发展重要物质基础和政治基础的历史使命，也是适应经济发展新常态、提升企业竞争力、实现健康持续发展的重要内容。2024年，国务院国资委制定印发《关于新时代中央企业高标准履行社会责任的指导意见》，旨在以更高标准履行社会责任，全面贯彻落实一系列新思想、新理念，加快建设世界一流企业、实现高质量发展，促进中央企业新时代社会责任工作水平不断提升。

作为关系国家能源安全和国民经济命脉的国有重要骨干企业，国家电网有限公司（简称国家电网公司）始终胸怀"国之大者"，积极履行社会责任，同时不断推动公司可持续发展，促进履责能力的提升。面对复杂多变的社会环境和日益增长的利益相关方期待，如何更全面、更有效地推进全面社会责任管理，确保公司更有效、更高质量地履行社会责任，成为亟待解答的重要课题。

制度是企业运营的基石，是企业行为规范的集中体现。国家电网公司探索将社会责任融入企业的日常管理，在制度制定、宣贯、执行和评估全过程，充分考虑其对社会、环境及利益相关方的影响，从制度层面为全面社会责任管理贯彻落实提供保障，同时以更可持续的制度建设助力企业综合管理水平提升，促进公司更好地履行社会责任，推动高质量发展。

在总结经验的基础上，国家电网公司编制《供电企业社会责任管理工具丛书 社会责任融入制度管理工作手册》（简称《手册》），从理念篇、方法篇、机制篇、实践篇、工具篇五个部分，详述社会责任与制度管理的深度融合。理念篇从企业社会责任的基本定义出发，阐述国家电网公司对社会责任的独特见解与社会责任融入制度管理的重要性。方法篇深入剖析了社会责任融入制度管理全生命周期的具体方法，为制度的制定、宣贯、执行、评估提供了详尽的方法论指导。机制篇为企业构建多维度、立体化的制度管理机制提供了可行路径。实践篇结合国家电网公司实际案例，直观地展现了社会责任融入制度管理带来的变化与成效。工具篇汇集了系列实用模板，为读者提供了便捷的操作工具。

《手册》紧扣社会责任与制度管理的融合核心，旨在为企业提供全面、系统、可操作的指导，促进企业综合管理水平与竞争力的有效提升。未来，国家电网公司将根据使用反馈和形势发展，不断完善内容，确保《手册》内容与时俱进。

目录

机制篇

实践篇

工具篇

理念篇

企业社会责任

企业社会责任的内涵

国际标准化组织（International Organization for Standardization，简称ISO）发布的ISO26000《社会责任指南》将社会责任定义为：组织通过透明和道德的行为，为其决策和活动对社会与环境的影响承担的责任。这些行为包括：

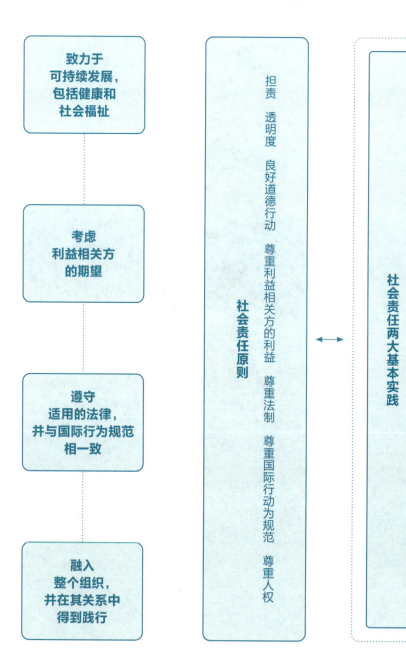

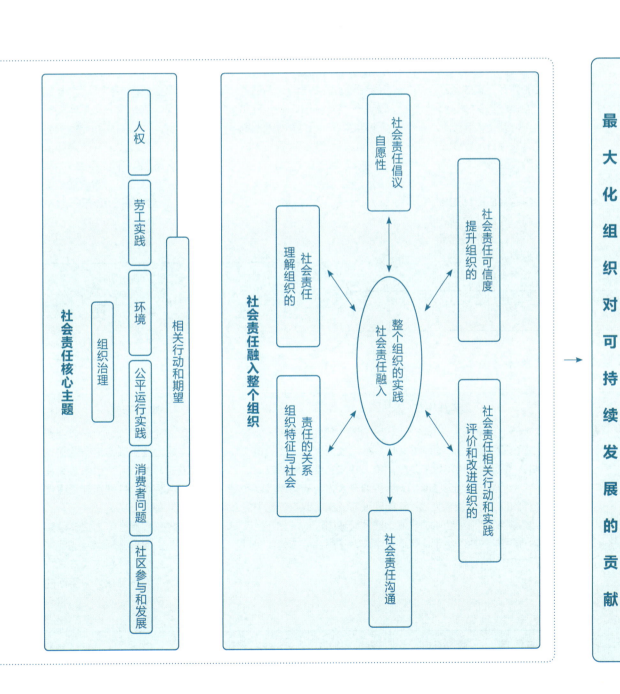

国家电网公司的社会责任观

责任内容维度   企业为其决策和活动对社会和环境的影响而承担的责任

内容

★ 企业社会责任，是增进社会福利的企业行为。企业行为增进社会福利，一是实现企业的核心社会功能，为社会提供商品和服务；二是成为优秀的企业公民，有效管理企业与利益相关方的关系。

★ 社会责任内容是不断变化的，随着企业综合价值创造方式和透明度要求的变化而不断变化。

★ 社会责任内容要进行优先排序，要按照对综合价值创造的贡献大小和企业的资源情况确定优先顺序。

内涵

★ 社会责任是指始终保持企业行为的透明和道德，道德的核心是企业将社会和环境考虑融入决策和活动、追求综合价值最大化的意愿和绩效。

★ 社会责任是指探索推进新的管理模式，以管理变革创新实现履责意愿、行为和绩效的统一，建立始终保持企业行为的透明和道德的长效机制。

内容边界

★ 社会责任内容是有边界的，综合价值最大化和透明度是确定社会责任内容边界的根本标准。企业社会责任的内容边界分为两个层次：一是确保企业的核心社会功能的实现，这是企业最根本的社会责任；二是对利益相关方履行"底线责任"（履行法定义务和坚守道德底线）和"共赢责任"（与利益相关方合作创造综合价值）。

企 业 社 会 责 任

实践模式

★ 企业社会责任，是新的企业管理模式，将推动管理实践的深远变革。与传统股东利润目标管理模式相比，社会责任管理模式实现了四大转变：一是管理框架从股东价值本位，转向社会价值本位；二是管理目标从追求以利润为核心的财务价值最大化，转向追求以社会福利为核心的综合价值最大化；三是管理方式从获取市场竞争优势，转向创建合作创造综合价值机制；四是管理假设从视企业为股东实现其利润目标的生产组织，转向视企业为不同社会主体实现其多元价值追求的社会平台。

履责方式

★ 实践社会责任行为总体部署需要企业探索推进新的管理模式，围绕综合价值最大化和透明度，持续实施管理创新和变革。

★ 实践社会责任行为具体落实需要企业探索采用新的业务运营方式、社会沟通方式，推动广大员工探索采用新的工作方式。

落实机制维度   通过落实社会责任保证组织以负责任的方式运营的管理模式

判断标准维度　　企业对可持续发展作出最大贡献的意愿、行为和绩效

判断标准

★ 企业社会责任，是对社会负责任的企业行为。判断企业行为是否对社会负责任，必须坚持以企业行为能否促进社会资源的更优配置、最大限度地创造社会福利为标准，而不能单纯考虑道德动机和履责意愿。

社会价值

★ 企业社会责任，是与市场机制、政府调控机制、社会治理机制相并列的重要的社会资源配置机制。它是企业基于内生的道德动力，通过坚守法律和道德底线与创建利益相关方合作机制，维护社会公平正义，激发利益相关方合作创造综合价值潜力，促进市场机制、政府调控机制和社会治理机制的有效运作，实现社会资源的优化配置。

功能

★ 微观功能：增强企业的综合价值创造能力，营造和谐的利益相关方关系，提升企业品牌美誉度。

★ 宏观功能：推动思想创新、制度创新、管理创新、组织创新、技术创新、理论创新，保障市场机制、政府调控机制、社会治理机制顺利运行，促进纠正"市场失灵""政府调控失灵""社会治理失灵"。

企业通过透明和道德的行为，有效管理自身决策和活动对利益相关方、社会和环境的影响，追求经济、社会和环境的综合价值最大化的意愿、行为和绩效。

动力

★ 内生驱动力源于企业价值观和企业运营机制，社会责任行为是特定的企业治理机制和管理制度安排的结果。

★ 外在驱动力源于利益相关方驱动和社会环境驱动，社会责任行为需要利益相关方的推动和社会环境的支撑。

误区

★ 六大管理悖论：
思想悖论 战略悖论 行为悖论 方法悖论 环境悖论 研究悖论

★ 九大异化风险：
"公益论""奉献论""箩筐论""万能论""报告论""议题论""标准论""形象论""阴谋论"

★ 五大倒退风险：
"唯赚钱论""企业办社会""泛道德论""负担论""工具理性论"

行为性质维度　　始终保持企业行为的透明和道德

社会责任内生于公司运营过程

离开建设和运营电网的具体过程和综合绩效谈社会责任是缘木求鱼、舍本逐末

公司履行社会责任的内涵

通过与利益相关方的充分沟通与有效合作，管理好公司运营对社会和环境的影响，最大限度增加积极影响，最大限度减少消极影响

确定公司社会责任内容的核心

理解和认识公司运营对社会和环境的影响，包括积极影响和消极影响。有什么样的具体影响，就有什么样的责任内容

判断负责任的企业行为的标准

企业行为能否保持透明和道德，包括遵守法律规范、伦理底线和商业道德，考虑利益相关方的期望和利益，致力于可持续发展，以及推动利益相关方参与，保证运营透明度

社会责任观的八大关键点

1 2 3 4 5 6 7 8

企业社会责任是企业主动担责的意愿、行为和绩效的统一

意愿内生于企业的治理机制安排，包括公司使命、价值观、战略和组织制度，以及外部压力与动力；行为是指企业主动担责的履责实践；绩效是企业对可持续发展的贡献，即创造的经济、社会、环境价值，以及让利益相关方和社会满意的运营透明度

公司履行社会责任的目的

超越单纯追求利润最大化的狭隘目标，在追求经济、社会、环境综合价值最大化的进程中，努力实现企业可持续发展与社会可持续发展的统一与和谐，塑造人民心中可靠可信赖的责任央企品牌

建设责任央企的核心是做到"价值 透明 认同"

价值要求公司追求经济、社会、环境综合价值最大化；透明要求公司强化透明度的顶层设计、制度建设和沟通创新；认同要求公司理解、认识和引导利益相关方和社会的期望

社会责任是公司及其员工变革的过程

社会责任是探索和实践员工新的工作方式、企业新的发展方式、企业新的社会沟通方式、企业新的管理模式的过程

责任落实机制九步骤

① **选择优先议题**　综合考虑资源和能力，选择对可持续发展贡献最大的社会责任议题

② **确定履责理念**　统筹考虑经济、社会和环境因素，保证透明度和利益相关方参与

③ **制定履责策略**　确定实现经济、社会和环境综合价值最大化的战略路径

④ **完善制度保障**　确保针对优先议题的履责理念和战略得以落实

⑤ **规划履责行动**　规划和实施重大履责行动项目，并保证足够的资源投入

⑥ **坚持持续改进**　议题选择更科学、议题落实更完善、议题沟通更有效

⑦ **保证运营透明**　保证利益相关方的知情权、参与权、监督权

⑧ **定期对标反馈**　及时了解和监测议题进展、成效及存在的问题与挑战

⑨ **明确绩效标准**　明确衡量和检测履责议题绩效的指标体系和有效标准

国家电网公司全面社会责任管理

全面社会责任管理，是国家电网公司为确保企业发展充分考虑社会和环境因素及可持续发展要求，自觉追求综合价值最大化的全新管理模式。

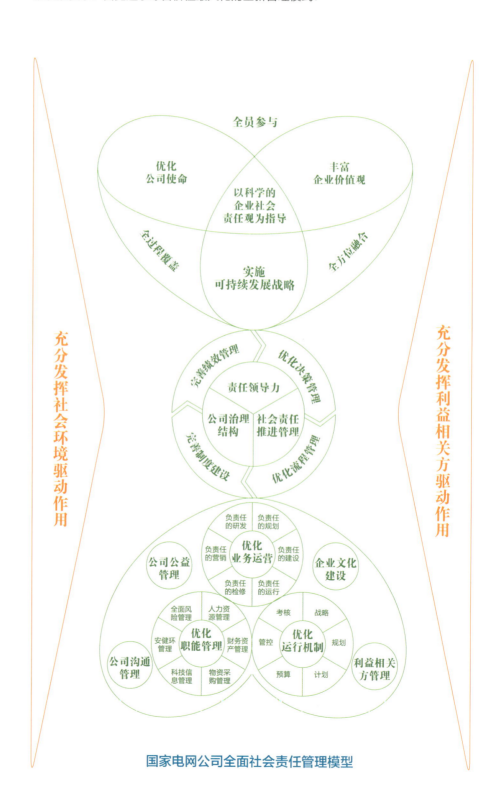

国家电网公司全面社会责任管理模型

管理目标模块，包括坚持以科学的企业社会责任观为指导、优化公司使命、丰富企业价值观、实施可持续发展战略、实现社会责任管理的"全员参与、全过程覆盖、全方位融合"五大要素。全面社会责任管理的首要问题是以科学的企业社会责任观为指导，明确全面履行社会责任、追求综合价值最大化的企业目标，包括企业使命、价值观和发展战略，并通过持续推进社会责任管理的"全员参与、全过程覆盖、全方位融合"，确保企业目标的实现。国家电网公司坚持续探索、宣贯、检验和完善科学的企业社会责任观，并以此为前提和指导，重新定位公司管理目标，确立了追求综合价值最大化的公司使命，塑造全面履行社会责任的企业价值观，实施追求综合价值最大化的可持续发展战略，按照"全员参与、全过程覆盖、全方位融合"的总体目标持续推进全面社会责任管理。

管理机制模块，包括责任领导力、公司治理结构、社会责任推进管理、优化决策管理、优化流程管理、完善制度建设、完善绩效管理七大要素。强大的责任领导力、合理的公司治理结构和有效的社会责任推进管理，既是公司全面社会责任管理的重要内容，也是推进全面社会责任管理的根本保障。确保公司决策管理和流程管理全面融合社会责任管理理念，是从源头上推动社会责任管理理念全面融入公司运营过程的基础和保障。完善制度建设和绩效管理，则是建立公司全面社会责任管理长效机制的根本保证。

管理内容模块，包括优化业务运营、优化职能管理、优化运行机制、公司公益管理、企业文化建设、利益相关方管理、社会沟通管理七大要素。全面社会责任管理在管理范围上的核心特征是"全员参与、全过程覆盖、全方位融合"，具体体现就是社会责任管理理念全面融入业务运营、职能管理、运行机制和企业文化建设，并全面推动和加强公司公益管理、利益相关方管理和社会沟通管理，以充分发挥公司现有业务和创新业务的综合价值创造潜力。

管理动力模块，包括充分发挥利益相关方驱动作用和充分发挥社会环境驱动作用两大要素。社会履责大环境和内生于企业运营过程中的利益相关方环境，是持续推动企业探索社会责任管理的不懈动力。公司深刻认识两大外部动力，关注社会履责环境的不断发展，激发利益相关方合作推进可持续发展的潜能和优势，充分发挥利益相关方和社会环境对公司全面社会责任管理的驱动作用。

国家电网公司全面社会责任落地抓手

国家电网公司自2014年开始推广社会责任根植项目制，自下而上层层推进社会责任根植融入，促进全方位、深层次的全面社会责任管理落地。

社会责任根植项目

社会责任根植项目是指由企业社会责任推进部门与业务部门共同策划实施的，以项目化运作和项目制管理方式推进的，有效融入社会责任理念、工具和方法，有助于提升企业可持续发展能力和品牌美誉度的工作与任务。

策划实施社会责任根植项目是为了推动业务部门深刻理解科学的社会责任观的内涵与价值，体验社会责任理念、工具和方法的科学性与有效性，增强专业部门接受、掌握和科学运用社会责任的信心与动力。

策划实施社会责任根植项目要求社会责任推进部门与业务部门共同策划项目实施方案，明确项目执行团队，匹配项目运作资源，形成完整的项目设计和运作体系。

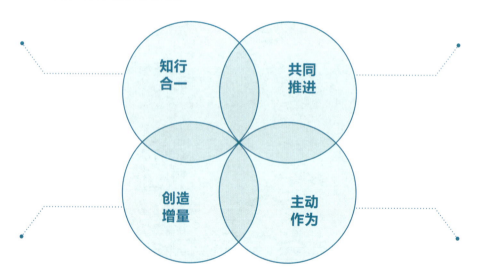

策划实施社会责任根植项目要能够为社会和企业创造价值增量。价值增量包括社会价值增量和企业价值增量两部分。社会价值增量体现为推动各方以对社会更加负责任的方式开展活动，提升社会综合价值创造能力。企业价值增量体现为推动企业管理创新、有效防范舆情风险、提升品牌形象、改善发展环境、增强核心竞争力。

策划实施社会责任根植项目需要积极发挥和充分体现社会责任推进部门的主动作用，包括主动与业务部门共同策划选择根植项目选题，超前研究社会责任推动创新的方向与路径，预先评估根植项目成效，充分发挥项目管理和社会责任专业服务功能等。

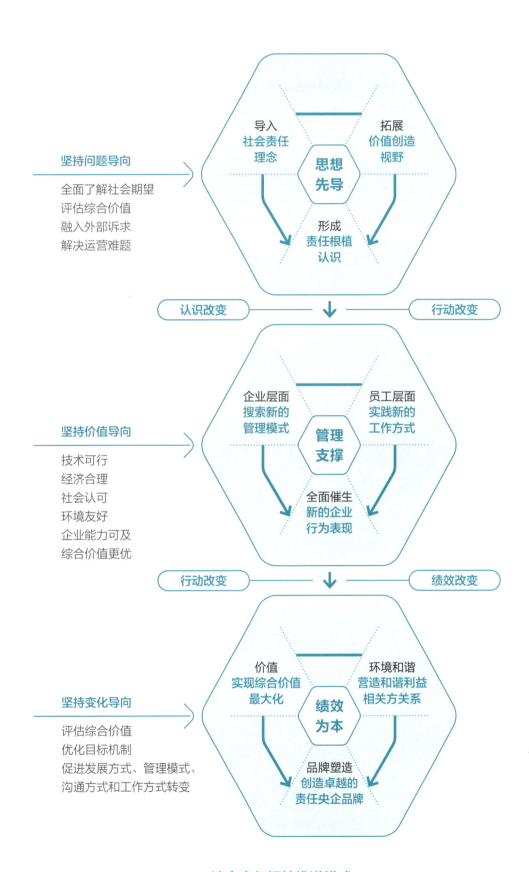

坚持问题导向

全面了解社会期望
评估综合价值
融入外部诉求
解决运营难题

导入
社会责任
理念

拓展
价值创造
视野

**思想
先导**

形成
责任根植
认识

认识改变　　行动改变

坚持价值导向

技术可行
经济合理
社会认可
环境友好
企业能力可及
综合价值更优

企业层面
搜索新的
管理模式

员工层面
实践新的
工作方式

**管理
支撑**

全面催生
新的企业
行为表现

行动改变　　绩效改变

坚持变化导向

评估综合价值
优化目标机制
促进发展方式、管理模式、
沟通方式和工作方式转变

价值
实现综合价值
最大化

环境和谐
营造和谐利益
相关方关系

**绩效
为本**

品牌塑造
创造卓越的
责任央企品牌

社会责任根植推进模式

社会责任根植项目制

社会责任根植项目制是指运用项目制管理理念和方法，逐级指导和推动各基层单位有计划、有管控、系统化、制度化、可持续地组织实施社会责任根植项目。

社会责任根植项目制涉及国家电网公司总部、各省公司、地市公司等所有运营单位，覆盖规划、建设、运行、营销等各职能部门，牵涉政府、客户、员工、合作伙伴、社区等所有利益相关方。

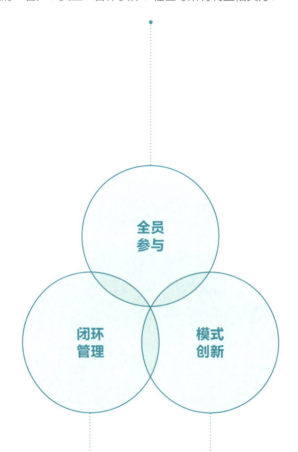

社会责任根植项目制是一个集"自下而上、自上而下、总体策划、过程管控、结果评估以及成果展示"于一体的完整闭环管理。

社会责任根植项目制是推动组织在其影响范围内全面践行社会责任，使组织对可持续发展的贡献最大化，是一种全面、深刻的组织管理模式创新。

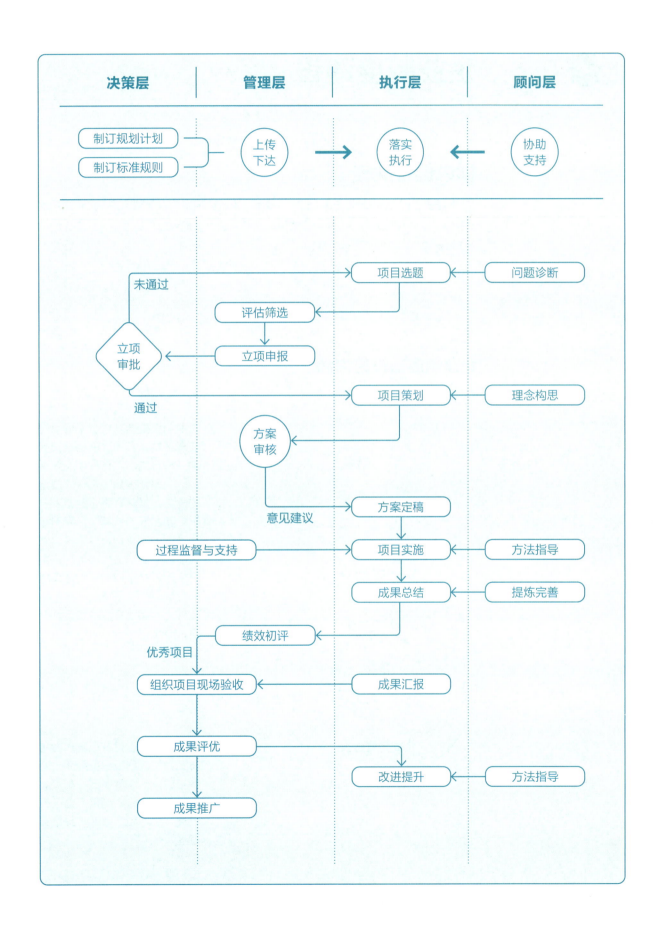

企业制度建设

制度建设的内涵

规章制度是一个组织依照法律、法令、政策、系统或组织需求而制定的，具有法规性或指导性，具有约束力，要求全体成员共同遵守的办事规程或行动准则，从而为组织的正常运行与目标实现提供保证。

企业制度建设的内涵

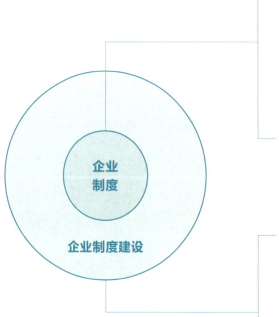

企业制度是制度在企业层面的表现形式，即为了确保经营活动开展、维护工作秩序、提高工作效率，按照一定标准制定的规定、规程，是企业管理、运行和发展的依据、章程和行动准则，以实现企业由人治到法治的转变，最大程度地避免个人因素对企业经营管理事务的影响，实现管理的有序化和有效化，保证企业的稳定、健康、持续发展。

企业制度建设指各级管理者和员工为了达到组织目标而共同参与的，对制度制定、制度宣贯、制度执行、制度评估进行设计、应用和调整的持续循环过程。

企业制度建设的原则

战略导向原则

企业制度建设必须跟随企业战略、业务模式的变化而作出相应调整，明确企业各项业务的发展目标和发展方式，明确企业为了实现战略需要开展的能力建设方向，对企业发展的整体性、长期性、基本性问题进行规划。

系统整体原则

企业制度建设应围绕企业整体运行的各大系统，考虑系统之间的衔接，明确归口管理部门与各专业领域制度建设责任人，形成全面系统、相互支撑的制度体系；企业制度建设过程中要有明确的操作指南，保证工作层次清楚、关键事项不留白；企业制度内容相互配合，不冲突，上下贯通，表述一致。

动态适应原则

企业制度建设考虑环境对企业组织结构的影响，在内外条件变动时，对相应的职责与权限进行调整，修订配套制度，分步实施，持续推动。

可操作性原则

制定针对性实施细则，贴合实际、量化标准，使制度执行有据可依，顺利落地。尽量使每一项制度意思明确且文字简洁，使员工更好地理解和遵循，提高工作效率。

社会责任融入制度管理

社会责任融入制度管理的意义

对推进全面社会责任管理的意义

制度是企业核心理念的重要载体，制度建设则是建设全面社会责任管理长效机制的根本保障，有助于更全面、更有效地推进全面社会责任管理。

社会责任融入制度管理为开展全面社会责任管理提供指引和标准，保障管理的有序化和规范化，最大程度地避免工作偏离战略目标，规避风险。

社会责任融入制度管理可及时将全面社会责任管理成果转化为制度，固化成功经验和最佳实践，实现管理水平的不断优化和管理方式的不断革新。

对提升内部运营管理水平的意义

社会责任融入制度管理通过将社会责任的理念、工具、方法融入传统制度管理工作，有助于发现并解决原有制度管理中存在的问题，提升企业综合管理水平。

优化制度管理目标

拓展制度管理对象

变革制度管理机制

社会责任融入制度管理立足于对企业的多元价值需求的深刻认识，把实现企业发展的经济、社会和环境的综合价值最大化作为企业管理的核心目标，推进企业的可持续发展。

社会责任融入制度管理不仅关注人、财、物的管理，还关注资源、信息、能力和潜力，对制度管理的对象进行了拓展，从操作层面保证企业管理好自身的"影响""价值"和"责任"。

社会责任融入制度管理本质上强调多边共同治理，充分发挥各单位和部门的价值创造潜能、主观能动性，加强彼此沟通，最大程度地提高管理效率。

社会责任融入制度管理的内涵

社会责任融入制度管理，指企业将综合价值、利益相关方视角、透明运营、绿色发展等社会责任理念和方法全面融入包括制度制定、制度宣贯、制度执行和制度评估的制度建设全过程，从而优化企业的制度管理成效，从制度内容上实现企业目标与社会目标的契合，从制度执行上实现企业内部的高度协同，从制度管理上实现企业与利益相关方的共识共参。

社会责任融入制度管理的目标

改进制定方式，完善管理制度

发挥多主体的价值创造潜力，探索更加合理的制度制定和完善方式。打造横纵贯通的制度建设体系，落实制度"一体化"要求。

优化制度宣贯 夯实落地基础	促进制度执行 提升管理效率	改进制度评估 强化闭环管理
以社会化沟通等方式，分专业、分岗位、分层级开展制度精神传达和培训学习，使全体员工熟悉、掌握本专业相关制度的主要内容和具体规定，尤其是要贯彻到基层班组，为制度落地打下良好基础。	加强过程管控，强化信息交流，形成企业上下目标一致、信息互通、沟通顺畅的良好氛围，将遵守制度和执行制度从外在约束、被动行为转化为内在需要、自觉行动，提升管理效率。	以社会责任的标准和理念改进制度的评估指标和评估程序，并提出相应的改进和优化建议，形成以"目标—实施—考核—改进"为核心的PDCA闭环管理机制，实现制度全寿命周期管理，逐渐建立起与职责分工、考核奖惩、业务管控相融合的制度体系。

社会责任融入制度管理的原则

社会责任融入制度管理工作应当坚持以党和国家的路线、方针、政策为指导，符合现行法律法规要求；坚持民主公开，代表企业广大职工意志，符合企业持续健康发展要求；通过制度建设营造法治氛围。

社会责任融入制度管理包括社会责任融入制度制定、制度宣贯、制度执行、制度评估四大环节，将闭环管理原则要求制度建设形成以计划、实施、考核、持续改进为基本流程的制度管理程序，使企业的目标能够清晰可见、执行得当有力、考核细致严谨、改进持续推进。

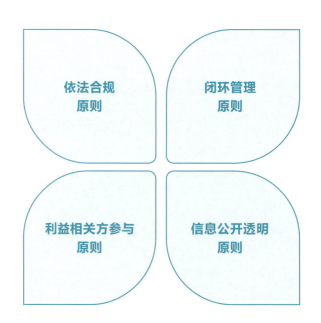

依法合规原则

闭环管理原则

利益相关方参与原则

信息公开透明原则

社会责任融入制度管理，要求在制度制定、制度宣贯、制度执行、制度评估四大环节，充分考虑内外部利益相关方的期望和诉求，推动利益相关方参与制度管理，提升企业目标、员工目标与社会目标的契合度，为企业营造良好的内外部发展环境。

社会责任融入制度管理，要求在制度制定、制度宣贯、制度执行、制度评估四大环节，始终坚持信息公开，让制度管理者、制度执行者、利益相关方都充分掌握、知晓、了解与切身利益相关的制度制定、考核流程和执行规定，打造开放透明、公平公正的运营环境，对风险进行有效的事前控制。

社会责任融入制度管理的参与人员

规章制度管理委员会全面指导制度建设工作，由企业领导和有关职能部门负责人组成，负责企业规章制度体系的计划、实施、考核、持续改进，对规章制度计划和重要制度报审稿进行评审。

规章制度管理委员会下设制度建设办公室，负责制度建设日常管理、协调推进的整体工作，编制制度使用指南，明确下级单位在和上级各专业部门对接时的职责与任务，指导各专业部门和基层单位更好地使用制度，并将制度划分给下级单位和各专业部门。

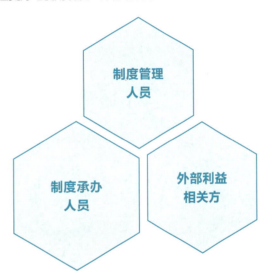

专业部门为制度承办部，设置联络员负责联系制度管理部门、上下级对口专业部门，做好本部门、本单位的制度建设和动态维护。

★ 负责拟订、审批、实施本部门职责范围内的规章制度建设年度计划。

★ 负责本部门职责范围内规章制度的调研起草、征求意见、送交会签审议、公示报批报备、规章制度清理工作。

★ 负责本部门职责范围内对供电企业通用制度差异条款的调研起草、征求意见及反馈、送交会签审议工作。

★ 在本部门职责范围内，对本单位其他部门、下级单位起草的规章制度、供电企业通用制度差异条款提出专业意见。

★ 评估本部门职责范围内各业务工作规章制度建设情况，提出新建、修订和废止等反馈建议。

★ 监督检查本部门职责范围内规章制度的执行情况，并按要求进行通报、报备。

★ 承担上级单位和本单位部署的其他规章制度管理职责。

企业制度建设的主要利益相关方包含两类：一类为政府、行业协会、专家等，为企业制度建设作出基础规定和方向指引；另一类为企业对外关系中的主要互动者（如企业客户、个人客户等），企业在进行制度建设时需要考虑通过制度对企业内部的约束，达成巩固与外部利益相关方之间关系的目标。

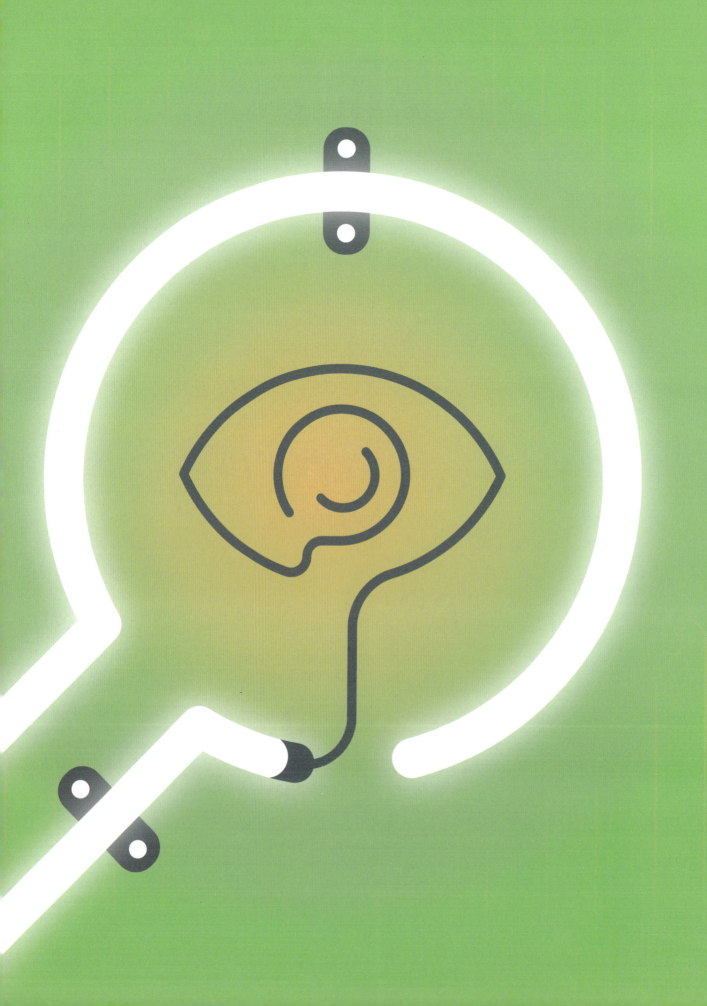

方法篇

社会责任融入制度管理总体思路

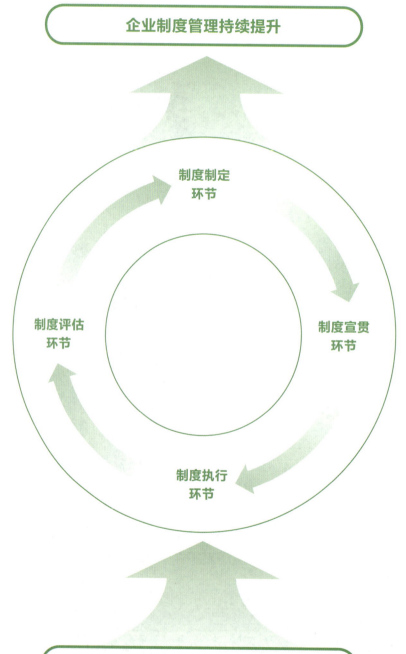

社会责任融入制度制定

制度制定的关键阶段

制订年度计划

定义

以完善补充企业规章制度为目标，结合上一年度企业业务活动和治理结构调整变动情况，编制规章制度建设年度计划，明确本年度企业规章制度的新建、修订、废止内容，推进企业规章制度适应企业运营管理实际。

步骤

意见征集

★ 以会议、通知等形式动员广大员工参与规章制度年度计划编制意见征集。

★ 充分征集企业下级单位和各专业部门规章制度建设需求。

计划编制

★ 制度管理部门审核汇总各专业部门规章制度建设年度计划，形成企业规章制度建设年度计划。

★ 制度管理部门将企业规章制度建设年度计划上报至分管领导。

计划审定

★ 各级单位负责审批需本单位同意方生效的下级单位规章制度建设年度计划。

★ 各级单位规章制度建设年度计划由规章制度审议会议审定发布。

计划通报

★ 企业规章制度建设年度计划经审议批准后，由各级单位逐级向下通报本单位规章制度建设年度计划。

调研与起草

<table>
<tr><td colspan="2" align="center">**定义**</td></tr>
<tr><td>各专业部门按照规章制度建设年度计划，组织开展本部门职责范围内的规章制度起草工作，形成体例规范、条理清楚、结构严谨、表述准确、文字简明、格式正确的规章制度文本。</td><td>规章制度起草前，可以组织专题调研或专项咨询，形成调研咨询报告，作为起草规章制度的参考依据。</td></tr>
</table>

步骤

调查研究
★ 充分了解国家、地方、行业关于拟订制度内容的法律法规、政策要求，确保制度内容依法合规。
★ 充分了解上级和本单位现有规章制度内容，做好拟订制度和现有规章制度的协调衔接，避免冲突和不必要的重复。
★ 充分调查、分析拟订制度执行人员的需要、诉求和工作实际，确保制度易落地执行。

制度起草
★ 各专业部门起草本部门职责范围内的规章制度，规章制度的内容涉及两个及以上部门的，相关部门联合参加起草。
★ 制度起草要遵照企业对规章制度名称、格式、体例、编写程序等的要求，确保规章制度体例规范、格式正确。

征求意见
★ 各专业部门起草的规章制度，应当征求规章制度内容相关部门意见和适用单位意见。
★ 各相关部门、执行单位应对制度内容的全面性、合理性、协调性、可操作性提出意见建议。

修改送审
★ 规章制度起草部门根据各相关部门、执行单位的意见反馈，修改完善规章制度文本直至形成规章制度送审稿。

会签与审议

定义

规章制度送审稿应经所有规章制度内容相关部门和制度管理部门会签，各部门负责人须认真研读，出具会签意见。规章制度送审稿完成会签后形成的规章制度草案，需报送规章制度审议会议最终审定。

步骤

会签审查

★ 规章制度起草部门将规章制度送审稿报送至规章制度内容相关部门、执行单位及制度管理部门会签。

★ 各相关部门应对规章制度送审稿与本部门职责范围内规章制度的协调性、可行性等提出会签意见。

★ 制度管理部门应审查规章制度送审稿是否符合国家法律、法规、规章，是否命名准确、格式规范、内容完整。

意见协商

★ 规章制度起草部门收集汇总各部门会签意见。

★ 对于采纳的会签意见，规章制度起草部门对规章制度进行修改并形成规章制度草案。

★ 对于不予采纳的会签意见，制度管理部门组织进行协商，未取得一致意见的，报送规章制度审议会议决定有关事宜。

最终审定

★ 规章制度审议会议对规章制度草案进行最终审核确定。

★ 直接涉及劳动者切身利益的规章制度，应当按照有关法律的规定，经职工代表大会或全体职工讨论，提出方案和意见，与工会或职工代表平等协商确定。

各环节的责任融入

计划阶段：确保公开透明，力促多方参与

企业规章制度体系通常"纵向到底，横向到边"。"纵向到底"，即规章制度能涵盖从企业最顶层的制度到最基础、最简单的管理细则。"横向到边"，即规章制度框架能涵盖从业务到管理的全部职能。因此，企业规章制度与企业所有员工密切相关，其新增、修订、废止的计划制订过程必须有制度执行者的参与。

社会责任在此环节的融入，重点是保障规章制度建设年度计划制订环节的公开透明，以及此过程中员工、外部专家等利益相关方的充分参与。

公开透明

透明维度	过程透明	结果透明
对谁透明	与拟新增、修订、废止规章制度相关的内部员工及外部利益相关方	制度执行单位、部门、人员
透明什么	★ 流程：说明制订规章制度建设年度计划的基本流程。 ★ 时间：说明开展规章制度建设意见征集的时间范围。 ★ 方式：说明内部员工、外部利益相关方向企业反馈规章制度建设意见的方式	规章制度年度新增、修订、废止计划
怎样透明	★ 线上、线下发布关于规章制度建设年度计划制订内外部意见征集的通知。 ★ 对于关键利益相关方，组织召开规章制度建设意见征集启动会、说明会	各级单位逐级向下通报规章制度建设年度计划

多方参与

规章制度的执行群体	★ 结合工作实际，提出规章制度遗漏、重复、交叉、不适用等问题。 ★ 提出关于规章制度新增、修订或废止的意见建议
受规章制度影响的群体	★ 结合实际感受，提出规章制度对员工工作和行为约束力、引导力不足等问题。 ★ 提出关于规章制度新增、修订或废止的意见建议
制度建设领域专家	★ 对企业现阶段规章制度建设情况做出专业化评估。 ★ 从制度建设专业角度提出完善企业规章制度框架、体系的意见建议

调研阶段：加强专业研究，充分征集意见

在制定一项制度之前，需要开展基本的调查研究工作，重点研究国家法律法规、企业既往制度、同业成功经验三类基础材料，并在制度起草前后开展两轮意见征集，最大限度保证制度制定的科学合理。

专业研究

国家法律法规	研究国家、行业的法律法规、政策要求，了解上级组织的有关规定等。企业的规章制度必须首先遵守国家法律法规、行业政策、上级单位管理规定等，在制度起草前，需对这些方面的约束条件进行必要的研究，防止制度设计出现原则性问题
企业既往制度	了解本企业的既往相关制度、文件及其执行情况。通过研读历史资料，熟悉、了解本企业既往在此方面的制度规定，以及在制度执行方面面临的问题。进而在规章制度制定中改进或避免同类问题，使得新起草的制度更加契合企业需要
同业成功经验	学习同行业、兄弟单位的先进经验。与同业或系统内标杆单位交流，借鉴其实践中卓有成效的操作程序和经验，进而完善本单位的制度。但要注意不能盲目照搬，应该结合自身实际，有针对性地学习借鉴

意见征集

轮次	第一轮：制度起草前	第二轮：制度起草后
征集方法	实地调研、问卷调查等	座谈交流、头脑风暴法等
沟通对象	制度管理部门、制度承办部门、制度执行者等	
沟通内容	★ 与制度承办部门沟通，了解待拟制度的制定意图和目标。 ★ 与制度执行人员沟通，了解其工作开展的实际情况、经验和教训。 ……	★ 待拟制度文本是否符合制定初衷。 ★ 待拟制度内容和流程是否具有可操作性。 ★ 待拟制度与其他制度是否存在冲突。 ★ 职责权限的分配是否合理、明确。 ……

起草阶段：考虑受众实际，优化文本叙述

作为企业管理的基础性文件，规章制度的编写有其特定要求，具有较强的规范性。社会责任在此环节的融入，主要是在不违背制度文本编写规则的基础上，根据制度执行者的信息接受和理解能力优化文本叙述，提升规章制度文本传递信息的有效性。

开展受众偏好调研

调研方法	问卷调查、集体访谈等
调研对象	各级单位领导层、中层干部、基层员工等
调研内容	★ 对制度文本的篇幅评价。 ★ 对制度文本的行文风格评价。 ★ 对制度文本的可理解性评价。 ★ 对制度文本的可读性评价。 ★ 对制度文本的可操作性评价。 ★ 选出个人认为较理想的制度范本。 ……

制度文本编写原则

形式规范 表意清楚	规章制度的行文形式必须规范，使得制度执行者清晰易读。在制度的意图表达方面，必须清晰，使执行者立刻明白制度要求什么、如何做、谁来做，并且没有歧义
文字准确 语言精练	制度文本应当充分考虑阅读者的接受和理解能力，简洁明了，不用晦涩难懂的语言，篇幅应尽量短。制度文本的文字要准确、规范、严格，避免采用修饰性的、语义模糊的语句。关键词要符合国家有关规定及企业的业务特点、使用习惯
逻辑严密 考虑周全	行文逻辑上，制度文本应当逻辑严密，避免前后重复、逻辑颠倒的情况。同时，在对工作内容和工作流程进行描述时，要尽量将所有可能情况考虑清楚，给出明确的处理方案
流程合理 权责清晰	可操作性方面，必须对事项的执行主体、事项执行各环节主体的权责、事项的流程进行清晰界定，既要考虑工作效率，又要考虑有效控制。同时，重点工作要明确落实到部门或岗位
行文稳健 朴实无华	制度文本的文风方面，要求行文稳健、朴实，不用华丽的、带有感情色彩的文学语言，前后风格保持一致

审议阶段：提升风险意识，研判外部影响

在企业规章制度的审议阶段，除研究制度发布、执行对企业经营管理的影响外，还应充分考虑该项制度执行带来的经济、社会和环境影响，做好社会与环境风险管理，规避规章制度可能带来的负面影响，追求规章制度执行的综合价值最大化。

规章制度影响分析维度

★ 对企业经营的影响
★ 对企业管理的影响

内部影响　外部影响

★ 经济影响
★ 社会影响
★ 环境影响

风险管理维度

风险识别	分析规章制度所涉及业务活动中，可能产生风险的设施、场所、区域、人员、事件等
风险分析	分析识别出风险发生的条件、影响的范围、发生的后果等
风险应对	分析是否能通过改进完善规章制度，降低风险发生可能性、减小风险影响范围或减轻风险发生后果

社会责任融入制度宣贯

制度宣贯基本内容

签发、公布与废止

定义

规章制度签发、公布与废止，是指规章制度经主管领导审核同意后签字发出，采用科学、合理、有效的发布方式，向制度执行者传递新增规章制度相关信息，并评估新增制度与现行制度的适应性后再考虑制度废止的过程。规章制度公布前，应明确规章制度公布范围、承办部门、实施日期和公布形式。

步骤

制度签发

★ 经审议通过的规章制度，由制度管理部门行文，报主管领导签发。

★ 企业主要负责人可以授权分管领导签发相应规章制度。

制度公布

★ 根据规章制度类型、适用范围的差异，明确规章制度的公布范围，所属各级单位公布的规章制度应当抄送上一级单位。

★ 应按照各级单位的职责分工，明确规章制度的承办部门，由承办部门负责补充制度、实施细则制定等工作。

★ 明确规章制度的实施日期，规章制度的实施日期应当晚于发文日期，并预留出充分的现行规章制度废止及补充条款、实施细则制定时间。

★ 根据规章制度公布范围和涉及人员的差异，选择合适的规章制度的公布形式。

制度废止

★ 各级单位收到规章制度后，应由制度管理部门、承办部门评估新增规章制度与现行规章制度的适应性，按规定期限和方式，统计本单位及所属单位应废止的相应规章制度。

★ 制度管理部门应行文废止本单位颁发的相应规章制度，并及时向制度执行者公示规章制度废止情况。

制度补充

> ★ 对于上级单位下发的规章制度，所属单位规章制度承办部门可根据实际需求，制定规章制度补充条款、实施细则等，推进规章制度有效落地执行。
> ★ 所属单位规章制度承办部门制定的补充条款、实施细则等，须经本单位制度管理部门审议通过后，向上级单位制度管理部门备案。

宣贯与培训

定义

制度宣贯与培训，是指在规章制度发布后，承办部门对相关部门、单位人员进行宣贯，各级单位组织对规章制度进行日常培训，使制度执行者了解和掌握制度内容、熟悉相关流程和要求的过程。

内容

制度宣贯	★ 制度宣贯主要由规章制度承办部门负责。 ★ 制度宣贯的主要对象是制度执行部门和执行者。 ★ 制度宣贯的主要内容包括：规章制度制定的依据、目的；规章制度所涉及的部门职责和分工；规章制度涉及的主要流程；规章制度中的重点管理要求；规章制度的执行要求和考核措施等。 ★ 制度宣贯的主要方式有电视电话会议、集中培训、座谈等
日常培训	★ 日常培训主要由规章制度管理部门、承办部门、人资部门共同负责。 ★ 日常培训的主要对象是全体员工。 ★ 日常培训的主要内容是通用性规章制度涉及的工作流程、执行规范和考核措施。 ★ 日常培训的主要方式有集中学习、调考、竞赛等

各环节的责任融入

公布阶段：丰富公布形式，覆盖不同受众

企业应根据自身硬件设施、企业文化、人员素质等特点，选择多样化、针对性强的规章制度公布形式，以达到使制度执行者对规章制度熟知的目的。

制度公布形式

主要形式	具体方法	适用场景
内部培训法	召开员工大会或组织全体员工学习，通过内部培训的方式，对企业规章制度进行讲解，既有助于员工对企业制度的深入了解，也能够获知员工对制度的看法和意见，有助于制度贯彻落实	需要全体员工了解掌握的通用制度
传阅法	规章制度制定后，编印成手册下发给员工，让员工进行传阅，并要求员工在阅读后签字确认，留存传阅凭证	小范围适用的制度实施细则
入职登记法	在新员工入职时，向其提供相关规章制度让其阅读，并提出意见，如不存在反对意见，则签字声明本人已阅读相关制度并承诺遵照执行	新员工入职需了解的通用制度
合同约定法	在与新员工签订的劳动合同中增加企业的规章制度作为附件，确认员工已阅读、理解企业的规章制度，并承诺遵守	新员工入职需了解的通用制度
规章制度考试	组织规章制度专项考试，以规章制度内容为考试大纲，挑选重要条款设计试题，组织员工进行考试，加深员工对规章制度的理解	适用各种类型
公告栏张贴	在企业内部设置的公告栏、电子屏幕、白板上张贴制度文件，供员工随时阅览	制度较基础、重要且篇幅适当
线上发布法	通过企业官方网站发布制度，或通过OA系统、电子邮件等将规章制度发给制度执行者，通知员工阅读规章制度并回复确认	适用各种类型
责任人推进法	制度发布时明确相关责任人，并要求责任人在规定时间内向特定对象宣贯制度内容	适用于基层班组

宣贯阶段：优化宣贯流程，改进宣贯方法

明确宣贯原则

分层分级	★ 企业层面制度宣贯：注重对制度整体的解读。 ★ 部门层面制度宣贯：注重对制度重点内容的解读。 ★ 班组层面制度宣贯：注重对制度执行方式的解读
集散结合	★ "集"：针对重要、通用性制度，组织相关部门、人员进行统一学习，共同研究讨论，做到应知尽知。 ★ "散"：针对一般性制度，组织进行相应的分散学习、各自学习，了解、熟悉、掌握与自身工作相关的内容

制定宣贯方案

划分制度 宣贯类型	★ 根据规章制度的适用范围，可分为通用性制度宣贯和一般性制度宣贯。 ★ 根据规章制度的宣贯对象，可分为新进员工制度宣贯和在职员工制度宣贯。 ★ 根据规章制度的宣贯阶段，可分为制度认知宣贯、制度深化宣贯、制度执行答疑宣贯等
选择制度 宣贯方式	★ 根据宣贯范围、对象、阶段的不同，选择最适当的宣贯方式。 ★ 制度宣贯前，可对宣贯对象开展调研访谈，选择适应宣贯对象偏好的宣贯方式。 ★ 基于以往宣贯经验，选择不同制度宣贯类型下，宣贯效果较好的宣贯方式
明确制度 宣贯要求	★ 明确开展制度宣贯的计划、频率要求。 ★ 明确相关部门、员工的学习覆盖率要求。 ★ 明确制度学习及时性要求。 ★ 明确制度学习成效转化要求
关注制度 宣贯结果	★ 考核宣贯对象对制度内容的了解掌握情况。 ★ 考察宣贯对象后续对制度的执行和遵守情况。 ★ 收集宣贯对象对制度宣贯过程的意见反馈

优化宣贯表达

规章制度文本具有高度规范化、书面化的特点，易读性、可读性相对较弱。因此在宣贯过程中，不宜完全照本宣科，而是应该改进表达策略，在表达范式、表达用语、表达形式等方面创新优化，帮助制度执行者更好地理解规章制度内容。

表达范式	★ 提炼规章制度中的责任主体、工作流程、工作要求等关键信息。 ★ 结合制度执行者的工作实际辅以案例说明
表达用语	★ 将规章制度文本中的书面化、专业化用语转化为日常工作中常用"行话"。 ★ 用精练、准确的表述概括规章制度内容
表达形式	★ 文字表达：以条目、顺口溜等形式提炼规章制度中的核心内容。 ★ 图像表达：以流程图、模型图形式提炼规章制度中涉及的工作流程及要求。 ★ 实景表达：以制度内容实景演练形式让制度执行者快速掌握制度要求

社会责任融入制度执行

制度执行基本内容

执行与落实

定义
规章制度执行与落实是指在规章制度正式发布后，有关部门和人员按照规章制度文本要求开展各项工作、规范个体行为的过程。

步骤

了解学习

★ 规章制度发布后，制度执行部门和执行者应通过集中培训、会议座谈、自我学习等形式了解规章制度文本内容和执行方法。
★ 规章制度执行过程中，制度执行部门和执行者如果对制度文本内容和执行方法存在疑惑，制度承办部门负责解释、答疑。

执行落实

★ 规章制度开始实施后，制度执行部门和执行者应按照制度规定开展各项工作、规范自身行为。
★ 制度管理部门、制度承办部门需对制度执行部门和执行者落实制度的情况进行监督考核。

问题反馈

★ 规章制度执行过程中，制度执行部门和执行者应当及时向制度管理部门、承办部门反馈制度内容执行困难、制度规定与工作实际不符等问题。

检查与监督

定义
规章制度在执行过程中，为确保规章制度得到有效落实，需要持续地检查、监督其执行过程和效果，对违反规章制度的情形予以纠正，切实做到有章必依、执章必严、违章必究。

内容

检查方法	采用实地检查、问卷调查、专家评估、专项调研等方法开展规章制度检查工作
检查主体	★ 由规章制度承办部门对相关制度的执行情况开展日常监督检查。 ★ 由审计、纪检监察等监督部门对企业规章制度执行情况实施监督。 ★ 由规章制度管理部门及时汇总各项检查结果
检查内容	★ 检查制度执行者的规章制度学习掌握情况，及时发现问题并进行督促整改。 ★ 检查规章制度执行落实情况，并收集管理对象、执行部门对规章制度的意见建议

社会责任融入制度评估

制度评估基本内容

评估与改进

定义

在规章制度执行过程中，需要进行常态化评估，发现规章制度内容、执行、管理等方面存在的问题，并提出相应的优化改进建议，确保规章制度的科学性、合理性、完整性、系统性、规范性和可操作性。

步骤

制订计划
★ 各级单位制度管理部门组织各部门（承办部门）制订规章制度年度评估计划。
★ 规章制度年度评估计划由规章制度审议会议审定后发布。

明确方案
★ 各级单位制度管理部门根据计划，制定评估工作实施方案，并向被评估单位、部门下发通知。
★ 评估工作实施方案应包括评估时间、地点、方式和内容。
★ 被评估单位和部门应根据通知做好评估准备工作，确保评估质量。

开展评估
★ 制度评估的主要内容包括：规章制度实施的总体情况；规章制度的科学性、合理性、完整性、系统性、规范性和可操作性；规章制度适用范围内员工掌握程度；规章制度执行落实情况；与专业管理流程、其他专业规章制度的协调程度；与上级管理要求的一致性；规章制度中的职责分工与责任追究执行情况；规章制度实施取得的管理效益和经济效益；规章制度实施中存在的问题和建议等。

★ 规章制度评估结束后，由各级单位制度管理部门起草评估报告，并报送至上级单位制度管理部门进行汇总。

★ 规章制度审议会议对年度汇总后的规章制度评估报告进行审定。

★ 制度管理部门根据评估报告，动态调整年度规章制度建设计划，督促相关部门落实评估意见。

总结改进

检查与监督

定义

企业对规章制度管理情况进行监督，对责任部门、单位和个人进行考核，对违反规章制度管理要求的情形予以纠正。

内容

考核 指标	★ 规章制度管理考核维度包括制度合规性管理、制度协调性管理、制度覆盖面管理、制度清理与废止、制度宣贯与培训、制度执行、制度计划、制度建设贡献等指标。 ★ 规章制度管理考核指标包括减分项指标、加分项指标和综合评价指标
考核 方式	★ 规章制度管理考核采取月度跟踪、季度考评、年度考评相结合的方式。 ★ 减分项指标、加分项指标采用定量评估方式，综合评价指标采用定性评估方式
结果 应用	★ 考核结果经规章制度审议会议审定后公布，作为对各级单位制度建设评先评优的重要依据

机
制
篇

组织机制建设

主要介绍社会责任融入制度管理的领导部门、执行部门、协助部门、外部专家团队等组成的组织机构，说明各成员的职责分工、责任边界、互动关系等。

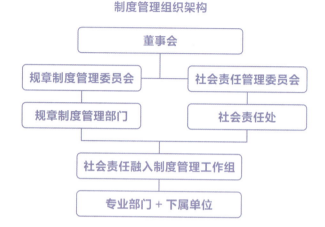

制度管理组织架构

董事会

规章制度管理委员会　　社会责任管理委员会

规章制度管理部门　　社会责任处

社会责任融入制度管理工作组

专业部门 + 下属单位

董事会

董事会在社会责任融入制度管理中的主要职责	负责审核、讨论社会责任融入制度管理的必要性
	对开展社会责任融入制度管理做出高层授意和指示

规章制度管理委员会

规章制度管理委员会在社会责任融入制度管理中的主要职责	评估社会责任融入制度管理的各项制度规范、考核程序的可行性
	评估各专业部门及各下属单位的制度目标是否与企业战略吻合
	指导制度执行、制度宣贯工作
	根据企业不同战略发展阶段，对制度评估方法提出相适应的调整要求

社会责任管理委员会

社会责任管理委员会在社会责任融入制度管理中的主要职责	审核发布社会责任融入制度管理的各项制度规范、制定程序
	评估各专业部门及各下属单位的制度目标是否与可持续发展战略吻合
	协调处理制度执行中的利益相关方投诉、员工申诉等问题
	从社会责任角度，对制度评估方法提出相适应的调整要求

规章制度管理部门

规章制度管理部门在社会责任融入制度管理中的主要职责

- 为社会责任融入制度管理提供人员、技术支持
- 落实社会责任融入制度管理相关制度规范
- 督促各部门各下属单位完成制度修订计划并提交审核
- 主持制度宣贯工作
- 组织开展月度、季度和年度制度评估工作，汇总评估结果并提交审核

社会责任处

社会责任处在社会责任融入制度管理中的主要职责

- 为社会责任融入制度管理提供人员、技术支持
- 协助开展社会责任融入制度管理能力建设工作

社会责任融入制度管理工作组

社会责任融入制度管理工作组由社会责任管理部门和社会责任部门抽调人员组成。

社会责任融入制度管理工作组在社会责任融入制度管理中的主要职责

- 开展覆盖全员的制度访谈调研，了解员工对企业制度管理的意见诉求
- 制定社会责任融入制度管理的各项制度规范与管理工具
- 组织开展社会责任融入制度管理能力建设
- 全程协助指导各专业部门与各下属单位开展制度制定、制度宣贯、制度执行和制度评估等工作

专业部门与下属单位

各专业部门与各下属单位在社会责任融入制度管理中的主要职责

- 配合接受全员制度访谈调研
- 协助制定社会责任融入制度管理的制度规范
- 落实制度制定、制度宣贯、制度执行和制度评估等系列工作

推进机制建设

社会责任融入制度管理是规范制度管理各项流程，实现企业制度管理机制完善、过程规范、全员参与、透明高效、持续有序的重要工具。建立健全社会责任融入制度管理制度体系，从制度规划制定、过程监督、结果考核等方面完善相关制度规范，并在下属单位试点推广，推进社会责任融入制度管理的长效机制。

规划制定

企业应制定科学的社会责任融入制度管理的战略与规划，做出系统部署和战略落实。

企业社会责任融入制度管理战略规划内容

形势 分析	对企业社会责任融入制度管理的国际、国内、行业环境进行分析判断，以增进企业对社会责任的理解，识别企业社会责任融入制度管理的机遇和挑战
现状 诊断	对企业的制度内容、执行和管理进行审视，对企业的社会责任理念、社会责任管理、社会责任实践和制度进行总结，发现企业进行社会责任融入制度管理的优势和劣势
目标 确定	以国家有关政策要求为指导，以推动企业与经济、社会和环境全面协调可持续发展为导向，以贯彻落实和谐发展战略、提升综合价值创造能力和水平为重点确定社会责任融入制度管理推进的总体目标和分解目标。总体目标应根据企业基础条件，结合长期战略目标和利益相关方期望，合理划分推进阶段。分解目标要求明确各阶段目标和各重点领域目标
主要任务和 具体行动	以目标为指引，明确企业在制度管理过程中融入方法，改进制度管理方式、提高制度管理能力的主要任务和需要具体开展的工作
保障 机制	对实现社会责任融入制度管理目标和完成主要任务所需的领导保障、组织保障、人才保障、资源保障、政策保障等进行分析和确定
评价 体系	建立对制度战略规划过程与成效的有效评估程序和方法，切实保证社会责任融入制度管理的顺利实施与持续改进

过程监督

企业应对社会责任融入制度管理过程进行全程监督，确保社会责任融入制度管理向预先设定的方向前进。企业的监督可以采用多种方式进行，包括自我监督、上级监督、团队监督及外部监督，并落实到具体的部门和具体岗位，对企业各层级执行情况进行更全面的评估和监控。

企业过程监督的方式

自我监督	各部门或岗位对自己的行为进行定期监督
上级监督	各部门或岗位的直接上级对其行为进行定期监督
团队监督	成立相应监督团队对企业整体或部门的行为进行定期监督
外部监督	接受外部相关团体或专业机构对企业相关领域的工作进行定期监督

结果考核

企业应制定全面的社会责任融入制度管理考核体系，推进社会责任融入制度管理战略落地，促进社会责任战略目标能够分解到各专业部门、各下属单位、各岗位予以落实，进而实现企业整体战略。

考核对象确定	对企业整体、各专业部门、下属单位和各岗位进行分类考核
考核指标构建	根据企业社会责任指标体系和各专业部门、各下属单位、各岗位的制度情况，构建企业社会责任融入制度管理考核指标体系
考核计划制订	包括考核的具体时间安排、考核方式、责任部门和配合部门、考核具体步骤、考核具体要求、考核方法选择等
实施考核	对企业整体、各专业部门、各下属单位和各岗位在企业社会责任融入制度管理的情况进行考核，考核过程应遵循公开互动原则，对出现的分歧应协商解决
考核结果反馈	将企业社会责任融入制度管理考核结果反馈给考核对象，使其明确工作改进方向，并为下一周期考核计划调整改进提供参考
考核结果应用	根据企业社会责任融入制度管理考核结果确定相应的奖惩方案，分析考核结果出现的原因，进一步提出针对性的持续改进措施
考核工作总结	在考核工作结束后，制度管理部门和社会责任管理部门应及时做好考核工作总结，明确该周期取得的成绩、存在的不足及改进方向

能力机制建设

理念宣贯与培训

企业应有计划、分层次地协调和组织开展全员理念宣贯与知识培训，提升全员对社会责任及制度管理的认知、理解和技能水平。培训方式包括集中授课、在线学习、小组研讨等多种方式。主要目标是让企业员工从概念上了解什么是社会责任，社会责任的理念有哪些；从方法上更好地掌握制度计划、制度实施与控制、制度考核、制度沟通等制度管理全过程中的业务知识、工作技能与沟通方法；从机制上掌握社会责任融入制度管理的基本要点，并主动思考：如何在日常工作中运用社会责任理念和方法解决问题，如何提升工作对经济、社会与环境的价值贡献。

理念宣贯与培训方式

宣贯形式	社会责任宣贯	制度管理宣贯
集中授课	分批次集中安排企业高层管理人员、中层干部、一线员工等，邀请外部社会责任领域的专家对社会责任理念方法和落地案例进行全面系统地讲解	邀请制度管理专家对企业制度管理工作人员集中授课，讲解制度管理的工作原理、流程方法、注意事项等，提高制度管理人员的知识水平和对自身工作的认知水平
在线学习	将社会责任融入制度管理的方法、工具和案例转化为PPT或视频课程，提供给更广大员工，便于广大员工在日常工作中参阅	将制度管理的内容要点、典型案例、小故事等做成PPT或动画视频等丰富多彩的形式，用网课的形式提供给员工学习参考
小组研讨	针对社会责任融入制度管理这一课题，由社会责任管理部门与制度管理部门组织开展小组研讨，由外部专家引导，有针对性地对社会责任融入制度管理的思路、路径进行面对面沟通与头脑风暴	

工具开发与应用

企业应充分借鉴国内外管理经验，结合企业实际情况整合内外各方力量，开发有效、适用的社会责任融入制度管理工具，更好地服务和指导供电企业进行社会责任融入制度管理的实操工作，提升制度管理人员的业务能力（参见工具篇）。

经验总结与推广

企业应广泛开展内部社会责任融入制度管理优秀案例评比活动，总结优秀案例成功经验，建立优秀案例奖励制度，充分发挥其示范效应；定期开展内部总结工作，召开社会责任融入制度管理年度总结大会或成果展示，促进内部工作经验交流，进一步破除部门与单位壁垒。

企业应积极组织参与国内外社会责任和管理创新交流活动，广泛学习先进实践经验，持续改进社会责任融入制度管理，并将经验与成果进行分享，鼓励更多供电企业落地实践，提升该管理方式的价值创造能力。

实践篇

社会责任融入投资管理类制度

社会责任融入供电公司投资管理细则

制度执行 部门 / 单位 / 人员	副总经理、发展策划部、财务资产部、电网基建专项管理部门（建设部、配网管理部、运维检修部、营销部、电力调度控制中心、各县市供电公司及城区供电中心）、固定资产零星购置专项管理部门及支撑机构〔办公室（党委办公室）、党委组织部（人力资源部）、安全监察部、运维检修部、配网管理部、营销部、建设部、科技互联网部、党委党建部（党委宣传部）、电力调度控制中心、物资部（物资供应中心）、信息通信公司、综合服务中心、经济技术研究所〕	
制度涉及的外部 利益相关方	政府、专家、电网建设沿线居民	
制度章节	**可优化的制度条款**	**社会责任融入制度建议**
第一章 总则	—	—
第二章 职责	—	—
第三章 电网基建投资 计划管理	第十一条 电网基建项目投资计划编制 （一）组织开展公司次年度电网基建投资计划梳理，从储备库中选取政策性强、社会关注度高、对公司形象影响大的重点项目以及以投资效益为中心的项目，提出项目需求建议计划，发展策划部、建设部、配网管理部、运维检修部、营销部、电力调度控制中心、经济技术研究所进行讨论，确定投资规模和开工投产里程碑，编制《公司年度电网基建投资计划建议》	1. 当前条款强调，在电网基建投资计划梳理中要选择政策性强、社会关注度高、对公司形象影响大的重点项目以及以投资效益为中心的项目，在一定程度上体现了公司承担政治责任、经济责任、社会责任的央企担当。建议在制度文本中进一步强调对电网基建投资社会效益的考量，同时认真分析基建项目可能存在的社会与环境风险，综合考虑电网基建投资计划的经济、社会和环境价值。 2. 当前条款表明，电网基建项目投资计划的编制有发展策划部、建设部、配网管理部、运维检修部、营销部、电力调度控制中心、经济技术研究所的共同参与，但电网规划建设与地方经济社会发展规划、工业商业居民用电需求等因素密切相关，在制定电网基建项目投资计划时也应当参考政府、专家、居民等外部利益相关方的意见建议。建议在制度文本中增加公司与外部利益相关方沟通合作、共同决策的相关内容

续表

制度章节	可优化的制度条款	社会责任融入制度建议
第四章 固定资产零星购置管理	第十八条 固定资产零星购置专项储备库管理（二）每年4~7月，固定资产零星购置专项管理部门及支撑机构编制《固定资产零星购置申请报告》，履行部门内审后，报送经济技术研究所进行评审	当前《固定资产零星购置申请报告》中，已包含项目必要性（存量情况、存在的问题、配置必要性）、项目方案（配置方案、配置标准、废旧资产处置建议）、项目投资、效益分析、购置明细等内容，基本能够确保固定资产零星购置符合经济效益要求。建议在项目必要性、项目方案中增加体现社会资源整合与优化配置理念的内容，在分析配置必要性、废旧资产处置建议时综合考虑经济、环境和社会影响，保证固定资产零星购置经济效益的同时兼顾社会效益
第五章 报告和记录	—	—
第六章 附则	第二十六条 制定本细则依据的法律法规；落实国家电网公司规章制度和各级管理要求	建议将国家电网公司社会责任相关规章制度和各级管理要求作为本细则的制定依据之一
其他意见或建议		
建议在文件中增加体现国家电网公司在电网基建投资计划、固定资产零星购置方面坚持可持续发展理念、追求投资工作综合价值最大化的相关内容		

社会责任融入营业服务管理类制度

社会责任融入供电公司营业服务管理细则

制度执行部门/单位/人员	营销部、配网管理部、党委党建部（党委宣传部）、纪委办公室、各职能部门、供电服务指挥中心（配网调控中心）、城区供电中心、各县供电公司	
制度涉及的外部利益相关方	政府、社区、居委会、村委会、客户、媒体	
制度章节	**可优化的制度条款**	**社会责任融入制度建议**
范围	—	—
规范性引用文件	—	—
术语和定义	—	—
职责	4.5　各职能部门 按照职责分工抓好本业务领域供电服务和行风建设相关工作，做好本专业供电服务和行风问题办理、处理全过程管控，对涉及党风廉政的线索移交纪检部门处理，对本部门员工开展供电服务和行风规章制度、廉洁从业教育	当前条款仅提出需要对本部门员工开展供电服务和行风规章制度、廉洁从业教育。但供电服务工作面向客户，涉及的主要利益相关方较多，外部评价可能会对企业品牌形象产生一定影响。因此建议增加"培育员工社会责任观念，提升全员履行社会责任能力"等内容，培育员工形成企业综合价值和利益相关方的思维视角，梳理本部门、本岗位职责与社会责任的结合点，推动员工思维模式、行为模式的转变，以进一步增进利益相关方对企业的理解和信任
95598业务管理	5.2　最终答复 5.2.1　非供电企业产权设备引发纠纷，或充电过程中发生的车辆及财物赔偿的工单，省公司，国网电动汽车公司，地市、县公司已按相关规定答复处理，但客户提出的诉求不符合国家有关规定的，城区供电中心、县公司服务专责开展最终答复工作，将佐证材料上报供电服务指挥中心，供电服务指挥中心初审后报公司营销部优质服务与客户管理专责审核	在日常营业服务工作中，存在非产权设备引发纠纷、客户诉求不符合国家有关规定等现象。当前条款仅从事件发生后的处理、答复角度提出了解决办法，建议还可以对此类问题进行前置干预，以减轻95598业务管理负担。例如，在本细则"4.3党委党建部（党委宣传部）"的工作职责中，增加"定期开展相关法律法规、产权划分、责任边界内外宣传"等内容。同时联动公司法律部门，针对95598频繁遇到的不合法、不合理诉求制定风险防范机制和法律手段应对机制，变被动应对客户不合理诉求到主动普及相关知识并提前介入解决，从源头上持续提升客户满意度

续表

制度章节	可优化的制度条款	社会责任融入制度建议
客户服务管理	6.1　供电服务指挥中心（配网调控中心）、营销服务中心通过电话调查、面访调查、明察暗访相结合的方式进行客户满意度调查，开展公司系统客户服务品质评价。其中电话调查主要了解客户满意度评价、不满意原因及相关意见建议。除调查客户满意度评价与不满意原因外，还基于现有供电服务模式下对客户用电体验环节与触点的梳理，并结合往年调查发现的客户体验痛点，进一步收集与排查影响客户体验的问题	当前条款虽然提出了通过电话调查、面访调查、明察暗访相结合的方式进行客户满意度调查的基本工作流程，但未明确规定各类调查方式分别针对哪一类利益相关方开展，以及开展的时间、频率、技巧等内容，该条细则的可操作化程度还存在进一步提升空间。建议进一步细化关于客户满意度调查工作的步骤和流程，明确对于重点特殊客户、大客户、居民客户等不同客户类型，开展客户满意度调查的不同方式、时间、频率、调查内容等。同时，在收集到影响客户体验的问题后，将问题反映至相关责任部门、后续推动问题解决或整改、加强营销部与其他职能部门的横向联动以共同提升客户服务质量的方法，需要在细则中进一步明确
营业厅管理	7.1　营业厅基础设施管理 7.1.1　城区供电中心、各县供电公司根据各营业厅实际需求对营业厅服务功能区和设备进行配置、调整，满足营业厅业务受理能力和客户服务需求	为提升营业厅基础设施与所在区域客户的匹配度，避免设施投入过多造成资源浪费、投入过少无法满足客户需求等问题，建议城区供电中心、各县供电公司在营业厅建设前期加强与当地政府有关部门、社区、居委会、村委会等利益相关方的沟通交流，了解当地人口密度、年龄结构、民族构成等，以实现因地制宜调整营业厅服务功能区和设备，在资源投入不浪费的前提下更好满足客户服务需求
报告和记录	—	—
附录	附录 C 表 C.1　规定了标准文件供电营业厅内部工作联络单的格式	当前供电营业厅内部工作联络单中已包含联络单发起岗位、客户诉求、接收岗位、初步处理意见、处理人员、处理情况、办结时间等内容，但表单中尚未体现供电营业厅将处理结果反馈给客户的过程。建议在相关表单中增加"反馈人员""反馈情况""反馈时间"等内容，规范供电营业厅与客户的沟通流程，确保双向、及时、有效沟通
其他意见或建议		

1. 建议在文件中体现公司在营业服务方面积极履行社会责任、推进可持续发展、追求综合价值最大化的理念和意愿。

2. 本文件规定了国网 ×× 供电公司 95598 业务管理、客户服务管理、营业厅管理等内容，涉及客户服务规范、供电服务标准等诸多需要相关部门员工了解、掌握的职责分工和标准工作流程。因此建议在本细则中增加"培训及考核管理"相关内容，明确说明通过何种方式（常态培训、专题培训、评价机制、考核机制）确保本细则的执行者全面了解细则内容

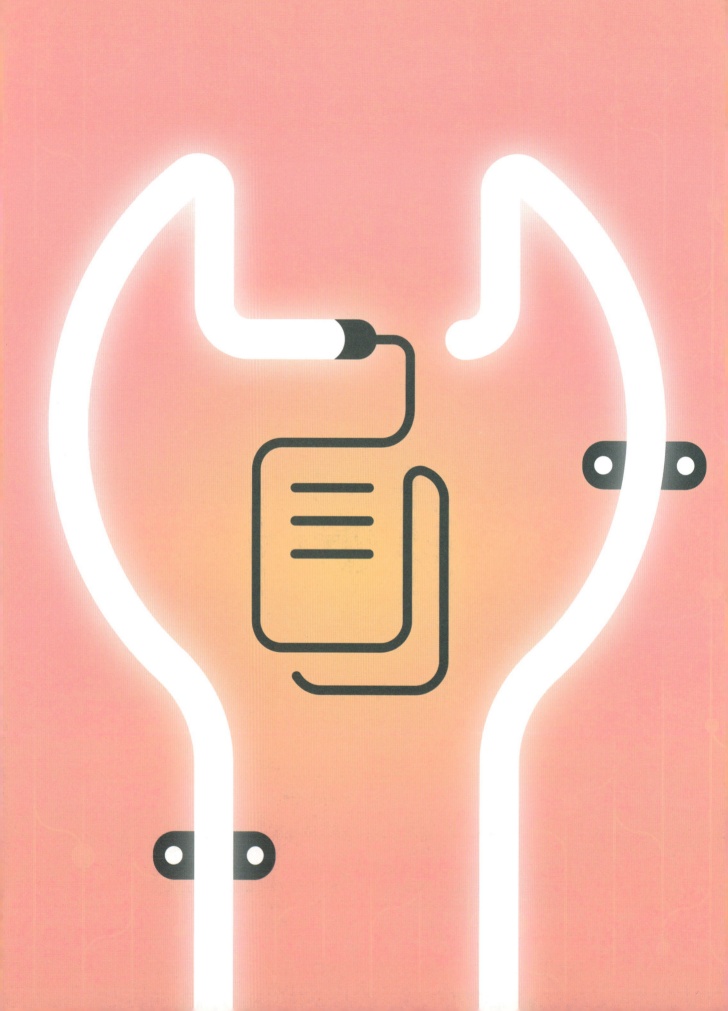

工具篇

社会责任融入制度制定工具包

规章制度建设内部意见征集表

<table>
<tr><td colspan="7" align="center">制度建设内部意见征集表</td></tr>
<tr><td>被征求意见部门</td><td colspan="6"></td></tr>
<tr><td colspan="7" align="center">制度修改意见</td></tr>
<tr><td>序号</td><td>制度名称</td><td>印发部门</td><td>修改状态（新增、修订、废止）</td><td colspan="2">修改原因</td><td>备注</td></tr>
<tr><td>1</td><td></td><td></td><td></td><td colspan="2"></td><td></td></tr>
<tr><td>2</td><td></td><td></td><td></td><td colspan="2"></td><td></td></tr>
<tr><td>3</td><td></td><td></td><td></td><td colspan="2"></td><td></td></tr>
<tr><td>4</td><td></td><td></td><td></td><td colspan="2"></td><td></td></tr>
<tr><td>......</td><td></td><td></td><td></td><td colspan="2"></td><td></td></tr>
<tr><td>被征求意见部门
负责人意见</td><td colspan="6"></td></tr>
<tr><td>本表单提交日期</td><td colspan="6"></td></tr>
</table>

说明：
1. 对修改意见进行简单描述，重点说明该制度执行中存在的问题，确有需要可另附材料。
2. 制度是否修订可考虑：
　（1）制度文本是否符合公司使命价值与社会责任愿景。
　（2）制度内容和流程是否易于理解、具有可操作性。
　（3）利益相关方是否对制度有修订诉求。
　（4）制度中对职责权限的分配是否合理、明确、各方受益。
　（5）制度与其他制度是否存在冲突、是否可被替代。
3. 未按时限要求反馈视为无修改

规章制度建设计划表

规章制度建设计划表					
部门					
本计划执行时间段		（××××年××月××日——××××年××月××日）			
序号	制度名称	修改状态（新增、修订、废止）	完成时间	责任部门	责任人
1					
2					
3					
4					
5					
6					
7					
8					
9					
……					
部门负责人意见					
分管领导意见					

规章制度体例格式规范

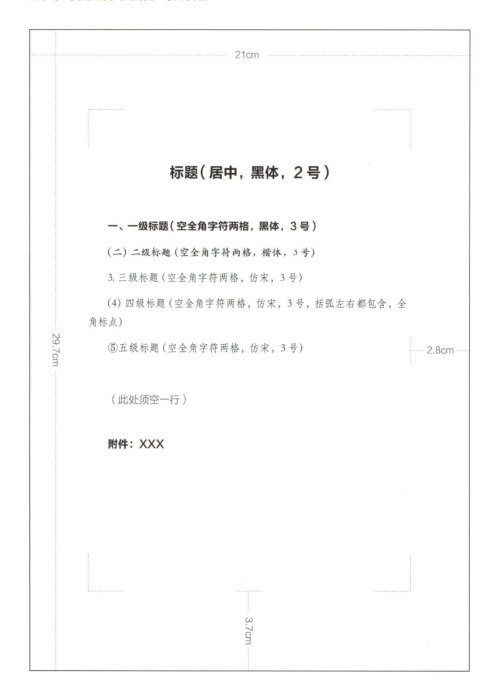

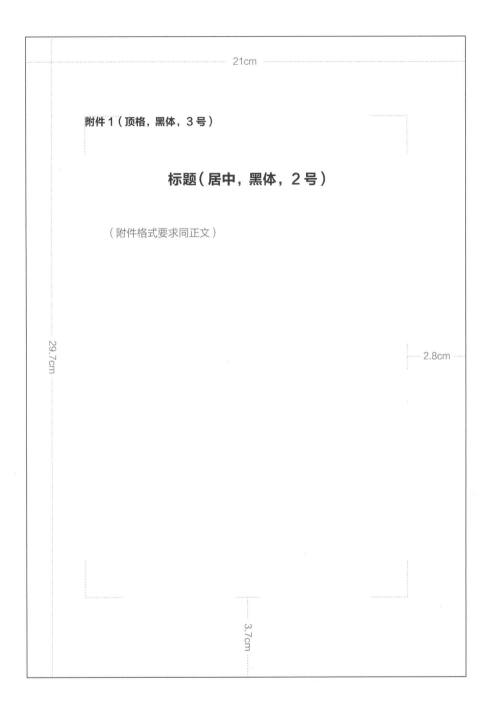

备注：

1. 正文内阿拉伯数字字体为：Times New Roman。

2. 页面设置：A4 纸，上下页边距 3.7cm，左右页边距 2.8cm。

3. 行间距：最小值，28 磅。

4. 标题：分一行或多行居中排布；回行时，要做到词意完整，排列对称，长短适宜，间距恰当，标题排列应当使用梯形或菱形。

5. 附件：左空二字编排"附件"二字，后标全角冒号和附件名称。如有多个附件，使用阿拉伯数字标注附件顺序号（如"附件：1. ×××××"）；附件名称后不加标点符号。附件名称较长需回行时，应当与上一行附件名称的首字对齐。

6. 页码：附件与正文一起装订时，页码应当连续编排。

参考文件：《党政机关公文格式》（GB/T 9704—2012，国家质量监督检验检疫总局、国家标准化管理委员会发布）

规章制度专家评估表

规章制度专家评估表				
制度名称			制定部门	
制度修订状态	□ 新增　　　　□ 修订			
专家姓名		职称	从事专业	
专家意见				
制度修订的必要性	□ 非常必要　　　　□ 一般必要　　　　□ 非必要			
制度的现实符合性	□ 非常符合　　　　□ 一般符合　　　　□ 非符合			
制度的理念先进性	□ 非常先进　　　　□ 一般先进　　　　□ 非先进			
制度的逻辑严密性	□ 非常严密　　　　□ 一般严密　　　　□ 非严密			
制度的流程合理性	□ 非常合理　　　　□ 一般合理　　　　□ 非合理			
制度的权责合理性	□ 非常合理　　　　□ 一般合理　　　　□ 非合理			
制度的多方受益性	□ 非常受益　　　　□ 一般受益　　　　□ 非受益			
其他意见 或建议				
最终评估意见				
专家签名			评估日期	

规章制度审查流转单与会签表

规章制度审查流转单与会签表			
制度名称			
制度编号			
责任部门			
制度修订状态	□ 新增　　　　□ 修订　　　　□ 废止		
拟发布时间			
拟发布范围			
部门意见 落实情况			
专家意见 落实情况			
领导意见			
领导签名		审核日期	

社会责任融入制度宣贯工具包

规章制度建设内部情况公开表

×××× 公司 ×××× 年规章制度建设情况公开表								
类别	序号	制度名称	编号	发布日期	起草部门	参与部门	责任人	备注
新增	1							
	2							
	3							
	4							
修订	1							
	2							
	3							
	4							
废止	1							
	2							
	3							
	4							

规章制度培训手册大纲

规章制度培训手册大纲

一、培训目的

二、培训对象

三、培训时间

四、培训内容

（一）规章制度的社会责任解析

（二）规章制度修订的依据、目的

（三）规章制度涉及的部门职责和分工

（四）规章制度涉及的主要流程

（五）规章制度中的重点管理要求

（六）规章制度的执行要求和考核措施等

五、培训分工

六、培训方式

规章制度文件员工传阅知悉确认单

规章制度文件员工传阅知悉确认单	
编号	制度名称

备注：如果您对上述规章制度有任何疑问，可以向制度制定部门反映

一、 本人确认（下称"本人"）已领取并认真阅读了××××公司依法制定的规章制度（详见本确认单所列制度），本人完全了解相关规章制度各条规定的管理意义与法律含义。

二、 本人承诺在对公司规章制度完全了解的基础上，严格遵守公司规章制度的相关规定、要求，同时也同意公司有权对条例进行修改；在实践中修改后的部分，本人也将严格遵守，承担配合各项管理工作。

三、 本人确认本确认单自本人在公司工作之日起至本人从公司离职之日止的期间内均有效

员工签名		所在部门	
确认日期			

新员工入职制度学习确认单

新员工入职制度学习确认单				
员工姓名			所在部门	
岗位			入职时间	
编号	制度名称			
备注：如果您对上述规章制度有任何疑问，可以向人事部门进行咨询				
本人确认已收到并且认真学习公司相关制度（详见本表单前述内容）。 我理解遵守相关管理制度规定是我与公司合作的前提，我将详尽阅读且完全理解各项内容并谨此声明愿意遵守制度要求，承担配合各项管理工作。公司有权根据法律法规的调整和公司经营发展的需要修改制度上的有关条款				
员工签字				
确认日期				

员工遵纪守法承诺表

员工遵纪守法承诺表

一、认真学习党的路线、方针、政策，坚持以习近平新时代中国特色社会主义思想为指导，树立正确的人生观、价值观、荣辱观，敢于抵制一切危害国家利益的不良行为。

二、认真学习各类新业务、新知识，遵守法律、法规，坚决抵制一切违法、违纪、违规行为。

三、严格执行公司各项规章制度，履行好岗位职责，杜绝各类违规、违章问题的发生。

四、在自身管辖、监督的职责范围内，严防违法、违纪、违规问题的发生。

五、廉洁自律，杜绝腐化堕落、奢侈浪费；不沾染"黄、赌、毒"等不良恶习。

六、不参与经商、办企业或在企业投资入股、兼职等。

以上承诺如有违背，我自愿接受组织的行政处分和经济处罚及其他处理。

承诺人		承诺日期	

社会责任融入制度执行工具包

规章制度执行检查表

规章制度执行检查表					
被检查部门					
被检查时段		（××××年××月××日—××××年××月××日）			
序号	检查项目		检查标准	检查方法	检查评价
					符合 / 不符合
1	执行与落实	了解学习	是否组织学习了解相关制度的文本内容和执行方式	查看相关工作文件	
2			是否对制度文本内容和执行方法进行解释、答疑	查看相关工作文件	
3		执行落实	是否按照制度规定开展各项工作	对照制度，就相关工作进行抽查	
4			是否对落实制度的情况进行监督考核	查看相关工作文件	
5		问题反馈	制度内容执行困难、制度规定与工作实际不符等问题是否得到及时反馈	查看相关工作文件	
6	检查与监督	检查方法	是否采用实地检查、问卷调查、专家评估、专项调研等方法开展规章制度检查工作	查看相关工作文件	
7		检查主体	是否对相关制度的执行情况开展日常监督检查	查看相关工作文件	
8			是否对公司规章制度执行情况实施监督，及时汇总各项检查结果	查看相关工作文件	
9		检查内容	制度执行者是否深入学习并全面掌握规章制度	对照制度，对执行者学习掌握情况进行抽查	
10			检查规章制度执行落实情况，是否收集管理对象、执行部门对规章制度的意见建议	查看相关工作文件	
11	其他				
检查人员（签字）				检查日期	

规章制度执行意见征集表

规章制度执行意见征集表				
编号		制度名称		
执行意见评价				
制度规定是否公开易得?		□ 是	□ 一般	□ 否
制度规定是否清晰易懂?		□ 是	□ 一般	□ 否
制度规定是否规范合理?		□ 是	□ 一般	□ 否
制度执行是否顺畅无阻?		□ 是	□ 一般	□ 否
制度执行是否对业务工作有促进?		□ 是	□ 一般	□ 否
制度执行是否让利益各方均满意?		□ 是	□ 一般	□ 否
制度执行是否实现综合价值提升?		□ 是	□ 一般	□ 否
制度优化建议				
所在部门			所在岗位	
员工签名			日期	

规章制度执行调研报告大纲

规章制度执行调研报告大纲

一、调研工作开展概况

可列明开展调研工作的原因、目的，调研对象、调研方法等。

二、公司管理制度建设概况

（一）公司规章制度体系

简述公司目前已建立的规章制度情况，覆盖工作范围和时间范围等。

（二）存在问题及相关分析

说明通过调研工作发现，公司在规章制度制定、宣贯、执行、评估等方面存在的问题。

（三）工作改进建议

基于发现问题提出相关工作改进建议。

社会责任融入制度评估工具包

规章制度评估计划表

规章制度评估计划表				
编号	制度名称	评估时间	责任部门	责任人

规章制度执行评估指标体系

序号	一级指标	二级指标	赋分说明	权重	打分	最终得分
1	合规性管理	是否坚持以党和国家的路线、方针、政策为指导	符合计 10 分； 存在一项缺陷扣 2 分，本项可倒扣 10 分	5%		
2		是否符合相关法律法规、党政规章要求	符合计 10 分； 存在一项缺陷扣 2 分，本项可倒扣 10 分	5%		
3		是否符合国家标准、行业标准、地方标准、公司标准	符合计 10 分； 存在一项缺陷扣 2 分，最多扣 10 分	5%		
4		是否坚持民主公开，代表公司广大职工意志，符合公司持续健康发展要求	有民主公开记录材料，计 10 分； 无，计 0 分	5%		
5		制度制定时是否进行风险识别	对企业经营、企业管理、外部环境、外部经济、外部社会影响进行风险识别，每一项加 2 分，最多计 10 分	3%		
6	协调性管理	成文制度之间是否存在交叉、矛盾、重复的情况	无，计 10 分； 存在一项缺陷扣 2 分，最多扣 10 分	3%		
7		成文制度本身是否存在前后不一的情况	无，计 10 分； 存在一项缺陷扣 2 分，最多扣 10 分	3%		
8		成文制度与专业管理流程、其他专业规章制度的协调程度	协调，计 10 分； 存在一项缺陷扣 2 分，最多扣 10 分	3%		
9	覆盖面管理	公司是否存在重要制度缺失	无，计 10 分； 存在一项缺陷扣 2 分，本项可倒扣 10 分	5%		
10		现行制度能否保证主要工作"有章可循"	无，计 10 分； 存在一项缺陷扣 2 分，最多扣 10 分	3%		
11	清理与废止	是否按规定及时统计本单位及下属单位应废止的相应规章制度	有及时统计相关统计资料，计 10 分； 有相关统计资料，但时效性欠缺，计 5 分； 无，计 0 分	4%		
12		是否按规定对不适用制度及时进行清理和废止	有及时清理和废止资料，计 10 分； 有清理和废止资料，但时效性欠缺，计 5 分； 无，计 0 分	4%		
13		是否及时向制度执行者公示规章制度废止情况	有及时公布资料，计 10 分； 有公布资料，但时效性欠缺，计 5 分； 无，计 0 分	2%		

续表

序号	一级指标	二级指标	赋分说明	权重	打分	最终得分
14	宣贯与培训	是否按规定进行制度的签发与公布	符合，计10分； 无，计0分	3%		
15		是否制定制度宣贯方案	符合，计10分； 无，计0分	3%		
16		制度发布后是否及时向员工进行宣贯	符合，计10分； 无，计0分	2%		
17		是否通过多种形式向员工进行制度的日常培训	形式超过5种，计15分； 形式2~5种，计10分； 形式单一，计5分	3%		
18		宣贯与培训中是否优化了宣贯表达	表达用语简洁、通俗，形式超过一类，计10分； 表达用语偏公文，形式较单一，计5分	2%		
19	制度执行	制度执行部门是否及时对制度进行学习	及时进行学习且有学习记录，计10分； 进行学习且有记录，但时效性欠缺，计5分； 无，计0分	3%		
20		制度执行部门和执行者是否按照制度规定开展各项工作	符合制度规定，计10分； 存在执行缺陷，发现一项扣2分， 本项可倒扣10分	4%		
21		制度管理部门、制度承办部门是否对制度执行部门和执行者执行落实制度的情况进行监督考核	进行监督考核且有记录，计10分； 无，计0分	4%		
22		制度执行部门和执行者是否及时向制度管理部门、制度承办部门反馈制度内容执行困难、制度规定与工作实际不符等问题	及时反馈且有记录，计10分； 有反馈且有记录，但时效性欠缺，计5分； 无，计0分	3%		
23		制度承办部门对制度执行部门就执行制度中提出的疑问及时回复	进行回复且有记录，计10分； 进行且有记录，但时效性欠缺，计5分； 未进行回复，每次询问扣2分， 本项可倒扣10分	3%		
24		制度执行中，制度管理部门、制度承办部门是否通过座谈、问卷等形式，畅通制度执行情况沟通渠道	形式超过5种，计15分； 形式2~5种，计10分； 形式单一，计5分； 无沟通渠道，计0分	3%		
25	制度计划	是否向员工公开透明公司制定规章制度建设年度计划的基本流程	公开渠道且有相关记录，计10分； 无，计0分	3%		
26		是否以会议、通知等形式充分征求规章制度建设年度计划编制意见	形式超过5种，计15分； 形式2~5种，计10分； 形式单，计5分； 无征求，计0分	3%		
27		是否按规定组织规章制度建设年度计划的编制	按规定组织且有记录，计10分； 有组织，但对比规定存在缺陷，计5分； 无，计0分	3%		
28		是否按规定进行规章制度建设年度计划的审定	按规定审定且有记录，计10分； 有审定，但对比规定存在缺陷，计5分； 无，计0分	3%		
29		是否按规定进行规章制度建设年度计划的通报	按规定通报且有记录，计10分； 有通报，但对比规定存在缺陷，计5分； 无，计0分	3%		
30	其他	公司认为自身在制度执行融入社会责任理念方面做的优秀典范事项	相关工作与社会责任理念（如创新、协调、绿色低碳、开放、共享）高度相关，任一计2分，最高10分	2%		

规章制度执行评估报告大纲

规章制度执行评估报告大纲

一、评估工作开展

（一）评估目的
本次评估工作的目标。

（二）评估内容
本次评估工作实施对象、主要内容等。

（三）评估依据
包括但不限于相关法律法规、标准、规范及其他要求；公司现行岗位规章制度等。

（四）评估执行
1. 评估方式：本次评估工作采用方法、工作流程等事项。
2. 评估组织：本次评估人员组织、职责分工等情况。
3. 评估时间：本次评估开展时限。

二、评估成果汇报

（一）公司规章制度建设及执行情况概述
公司规章制度建设基本情况；公司规章制度执行情况等（可适当引用同期审计、其他检查发现的结论作为补充）。

（二）规章制度执行存在问题及相关分析
评估发现公司在规章制度执行方面存在的问题及原因分析；对规章制度执行方面是否运行正常做出结论。

（三）规章制度执行提升建议
针对评估中发现的问题提出可行性建议。

（四）下一步工作要求
要求各相关部门／单位提高认识、加强重视、落实整改并提交整改材料等。

图书在版编目（CIP）数据

社会责任融入制度管理工作手册/国家电网有限公司编. --北京：中国电力出版社，2025. 2. --（供电企业社会责任管理工具丛书）. --ISBN 978-7-5198-8992-0

Ⅰ. F426.61-62

中国国家版本馆 CIP 数据核字第 2024UY0259 号

出版发行：中国电力出版社
地　　址：北京市东城区北京站西街 19 号（邮政编码 100005）
网　　址：http://www.cepp.sgcc.com.cn
责任编辑：杨敏群　周天琦　董洋辰
装帧设计：黄　蓓　朱丽芳
责任印制：钱兴根

印　　刷：北京九天鸿程印刷有限责任公司
版　　次：2025 年 2 月第一版
印　　次：2025 年 2 月北京第一次印刷
开　　本：889 毫米×1194 毫米　16 开本
印　　张：5
字　　数：116 千字
定　　价：55.00 元